8° Fpièce
3776

Congrès international du Commerce et de l'Industrie

SOUS LE PATRONAGE

DES MINISTRES FRANÇAIS DU COMMERCE; DE L'INDUSTRIE,
POSTES ET DES TÉLÉGRAPHES; DES AFFAIRES ÉTRANGÈRES; DES FINANCES;
DES TRAVAUX PUBLICS ET DE LA CHAMBRE DE COMMERCE DE PARIS.

1878-1889-1900-1902
(5ᵉ Session). — **MILAN, 1905.**

AF309648

LA

RÉGLEMENTATION LÉGALE

DE LA

JOURNÉE DE TRAVAIL

PAR

A. SCHATZ

Professeur de Droit à la Faculté d'Aix.

Extrait de la Revue Internationale du Commerce, de l'Industrie et de la Banque
Organe trimestriel du Congrès international du Commerce et de l'Industrie

PARIS

LIBRAIRIE GUILLAUMIN ET Cⁱᵉ

14, RUE RICHELIEU, 14

1904

LA

RÉGLEMENTATION LÉGALE

DE LA

JOURNÉE DE TRAVAIL

R.F.

8° F
3776

Congrès international du Commerce et de l'Industrie

SOUS LE PATRONAGE

DES MINISTRES FRANÇAIS DU COMMERCE ; DE L'INDUSTRIE,
DES POSTES ET DES TÉLÉGRAPHES ; DES AFFAIRES ÉTRANGÈRES ; DES FINANCES ;
DES TRAVAUX PUBLICS ET DE LA CHAMBRE DE COMMERCE DE PARIS.

1878-1889-1900-1902
(5ᵉ Session). — MILAN, 1905.

LA

RÉGLEMENTATION LÉGALE

DE LA

JOURNÉE DE TRAVAIL

PAR

A. SCHATZ

Professeur de Droit à la Faculté d'Aix.

Extrait de la Revue Internationale du Commerce, de l'Industrie et de la Banque
Organe trimestriel du Congrès international du Commerce et de l'Industrie

PARIS

LIBRAIRIE GUILLAUMIN ET Cⁱᵉ

14, RUE RICHELIEU, 14

1904

LA

RÉGLEMENTATION LÉGALE

DE LA

JOURNÉE DE TRAVAIL [1]

Je veux, Messieurs, que mes premières paroles soient pour vous dire tout le plaisir que j'éprouve à me trouver parmi vous et combien j'ai été sensible à l'honneur que vous m'avez fait en me chargeant d'exposer dans ses grandes lignes la question que votre bureau a décidé de soumettre à votre discussion : je veux dire la réglementation légale de la durée de la journée de travail. Je ne crois pas, Messieurs, décevoir dès l'abord votre attente en vous disant que je traiterai la question dans ses grandes lignes : elle est en effet tellement vaste et complexe, son histoire est si touffue déjà, elle soulève tant de problèmes accessoires et elle touche à tant de questions de fait et de pratique que je suis dans l'obligation de restreindre

---

[1] La communication de M. A. Schatz, professeur de droit à la Faculté d'Aix, a été faite à la Société des Industriels et des Commerçants de France, séance du 22 juin 1904.

Cette communication peut être considérée comme un Rapport sur la question posée au Congrès dans les termes suivants : « *La réglementation du travail au point de vue national et international. Étude spéciale de la convention franco-italienne du 15 avril 1904.* » D'autres études peuvent être et seront sans doute publiées sur le même sujet.

très modestement ma tâche à une vue d'ensemble qui vous rappellera des choses que vous savez tous, qui n'aura d'autre prétention que d'être, si vous le voulez bien, une causerie dépourvue de toute prétention dogmatique et dont votre compétence et votre bienveillance combleront utilement les lacunes.

La question de la réglementation légale de la journée de travail est essentiellement, Messieurs, une question contemporaine et, aussi bien, on ne conçoit pas ni sous l'ancien régime, ni pendant la période révolutionnaire, ni dans les premiers temps de notre régime moderne, que le problème se pose dans les mêmes termes qu'aujourd'hui, que le législateur doive intervenir dans les relations entre patrons et ouvriers à dessein de limiter les droits de l'un et de l'autre, et de fixer une fois pour toutes la durée de la journée de travail.

Sous l'ancien régime les statuts des corporations ont pourvu à cette tâche : la durée normale de la journée de travail doit être limitée en général par le lever et le coucher du soleil, soit une moyenne de 12 heures en été et de 10 heures en hiver. A ce principe, il semble que d'ailleurs les ouvriers aient eu assez de facilités à se soustraire. On cite en effet une ordonnance du xve siècle qui a pour objet de leur interdire d'entrer à l'atelier et d'en sortir à leur gré, ce qui était apparemment passé en usage (1).

De plus les termes du problème ne sont pas les mêmes qu'aujourd'hui en un temps où la petite industrie et le petit atelier constituent le régime normal du travail. Chaque patron emploie un petit nombre d'ouvriers et souvent travaille avec eux; il les connaît individuellement et il est connu d'eux. Soustrait aux nécessités pressantes de la concurrence contemporaine, puisque les règlements corporatifs excluent soigneusement les rivalités de ce genre, il n'est pas tenté d'outrepasser ces règlements au détriment de ses ouvriers.

Avec la Révolution, la situation se modifie. On a beaucoup

---

(1) Hauser. *Ouvriers du temps passé.* Paris. Alcan, 1898, p. 77 et suivantes.

parlé de liberté pendant les dernières années du xviiiᵉ siècle.
On a exalté les droits naturels de l'individu en tant que
personne humaine, droit naturel à vivre sa vie librement,
droit naturel à constituer librement son individualité, en
particulier droit naturel à déterminer les conditions du
travail auquel on s'engage. Tous ces droits, il importe de
les déclarer et de les faire respecter. La Révolution sup-
prime donc les corporations mais se garde bien de mettre
à leur place une organisation professionnelle quelconque.
Par une conception très fausse de la liberté, elle se borne
à opposer les individus l'un à l'autre, l'individu ouvrier à
l'individu patron. Équilibre purement spécieux et formel,
comme vous le sentez bien, Messieurs. En réalité, pour
compenser la puissance du patron, cette puissance capita-
liste au sens socialiste du mot, il faut lui opposer la puissance ouvrière, c'est-à-dire la réunion des ouvriers
travaillant pour ce patron. Dire qu'un ouvrier isolé est
libre de déterminer les conditions de son travail vis-à-vis
du patron, c'est, suivant la remarque d'un philosophe libé-
ral du xviiiᵉ siècle, parler de la liberté d'un passager qui se
trouve en pleine mer sur un navire. Il est libre de le quit-
ter, mais en sautant par-dessus bord.

Le principe, Messieurs, est hors de contestation et ses
conséquences se marquent bientôt, sous l'influence de
deux phénomènes économiques qui peuvent servir à carac-
tériser la production industrielle contemporaine : c'est
d'une part le développement de la grande industrie et,
comme corollaire, la séparation qui s'établit entre le
patron et la foule anonyme de ses ouvriers. C'est d'autre
part l'intensité croissante de la concurrence qui oblige le
producteur à faire, en une certaine mesure, abstraction du
travailleur pour considérer uniquement la force de travail et le produit obtenu. Ainsi le patron aiguillonné par la
concurrence tend naturellement à exiger de ses ouvriers
comme de ses machines un maximum d'intensité, un
maximum de durée du travail. A cette tendance, il est
nécessairement amené à céder jusqu'à l'abus, tant que
l'ouvrier isolé conserve son attitude passive et n'oppose

pas à la force patronale une contre-force venant de l'association.

Et les résultats pratiques de cet état de choses vous
savez, Messieurs, quels ils sont. En Angleterre, dès la fin
du XVIIIe siècle, on voit des enfants de 5 à 6 ans employés
au tissage pendant 14, 15 et 16 heures. Parfois le travail
dure 24 heures et lorsque l'effroyable fatigue de ces petits
êtres assoupit leur organisme brisé, on les frappe pour
les tenir éveillés. S'ils veulent s'enfuir, on les met aux
fers. Le dimanche ils nettoient l'atelier où les machines.
En France, il faut citer une fois de plus l'enquête de Vil-
lermé en 1840, ce *Tableau de l'état physique et moral
des ouvriers* que vous connaissez comme moi et où vous
vous rappelez avoir vu la description de ces ateliers dans
lesquels des enfants de 6 à 8 ans travaillent debout jusqu'à
17 heures par jour ; après quoi ils doivent faire parfois
2 ou 3 lieues pour regagner un foyer déserté par le père
et la mère qui travaillent ailleurs.

Plus récemment, en Belgique, une commission d'enquête
constatait en 1886 que des enfants de 10 ans travaillaient
de 15 à 18 heures par jour et qu'on emploie des bambins
de 5 ans à décoteler le café.

Devant l'abomination de tels faits, Messieurs, toute
controverse doctrinale doit disparaître. Il est incontesta-
ble qu'il faut faire quelque chose, et on doit dire, à l'honneur de la conscience humaine, que l'on a fait quelque
chose dès que l'on a su la vérité. On a peut-être trop fait, ou
plutôt on s'est peut-être maintenu trop longtemps dans une
mauvaise voie. On a eu recours à l'autorité, à l'intervention du législateur. Sans doute, et il faut bien le reconnaître, le recours était de prime abord naturel. Il fallait
faire cesser brusquement ce qui était. Est-ce à dire que
cette contrainte soit le dernier mot de la sagesse politi-
que en une telle matière ? Est-ce à dire qu'il faille suivre
jusqu'au bout le principe et substituer la loi aux volontés
individuelles dans toute l'organisation du travail industriel ? Il est permis d'en douter et je vous proposerai,
Messieurs, d'examiner la question. Il nous faut au préala-

ble connaître les faits que nous aurons à apprécier et c'est pourquoi je vous demande la permission de passer très rapidement en revue le mouvement législatif qui en France et à l'étranger a eu pour résultat de réglementer la durée de la journée de travail. Un tel exposé ne peut éviter d'être pénible, même pour une attention aussi bienveillante que la vôtre. Je m'en excuserai en étant aussi bref que possible.

.·.

Si l'on cherche, Messieurs, à dégager une idée synthétique de ces surabondantes prescriptions qui ont pour objet de réglementer la durée de la journée de travail, il semble que l'on pourrait, en quelque manière, comparer cette législation au flux de l'océan. Comme une mer qui monte, nous voyons le flot de la réglementation croître constamment en volume et se répandre sur une plus vaste étendue. Il croît en volume, puisqu'après avoir réglementé la journée de travail de l'enfant, on réglemente celle de la femme, puis celle des ouvriers adultes, aujourd'hui dans l'industrie, demain peut-être dans l'agriculture ou dans le travail à domicile.

Il se répand sur une plus vaste étendue puisque de l'Angleterre il gagne la France et successivement tous les États de l'ancien continent et même quelques-uns du nouveau monde. Nous distinguerons, si vous le voulez bien, ce double aspect du procès législatif.

C'est en France que je vous remettrai en mémoire les principales étapes de cet accroissement en volume de la réglementation légale de la journée de travail (1).

Le 22 mars 1841 est promulguée une loi sur le travail

---

(1) Consulter : P. Pic. *Traité de législation industrielle.* Paris, Rousseau, 2ᵉ édit. 1903. Consulter également les travaux préparatoires des diverses lois citées au texte et notamment le compte rendu des séances du Sénat des 20 et 26 mars 1900 et des 18, 22, 24 mars 1904.

des enfants employés dans les manufactures. L'âge d'admission est fixé à 8 ans, et de 8 à 12 ans, la journée de travail des enfants ne pourra dépasser 8 heures divisées par des repos. C'était un début timide comme la plupart des débuts. En effet, la loi ne s'appliquait qu'aux établissements occupant plus de vingt ouvriers et, faute d'un service d'inspection du travail, ses prescriptions demeurèrent en grande partie inobservées.

Ensuite, c'est le gouvernement provisoire de la République de 1848, gouvernement animé des plus ambitieux projets de réformation sociale. Parmi plusieurs mesures destinées à améliorer la condition de la classe ouvrière (conseils de prud'hommes, liberté d'association, abolition du marchandage), un décret du 2 mars pose le principe de la réglementation du travail des hommes adultes et fixe la durée maxima de la journée du travail à 10 heures pour Paris et 11 heures pour la province.

Vous savez, Messieurs, comment cette grande ardeur de réforme fut fatale à ce gouvernement inexpérimenté. Après la proclamation du droit au travail, après l'expérience des ateliers nationaux, le coup d'État du 2 décembre 1851 arrête brusquement ce mouvement social naissant.

Cependant, le 9 septembre 1848, une loi, succédant au décret du 2 mars, a laissé subsister en le restreignant le principe de la réglementation du travail des adultes. Dans les fabriques de plus de vingt ouvriers, la durée maxima de la journée de travail est de 12 heures, avec faculté pour le patron, en divisant son personnel par équipes, de laisser l'atelier ouvert 24 heures (1).

La loi fut d'ailleurs violée, comme celle de 1841, faute d'un service d'inspection suffisamment organisé (2).

---

(1) Voir les très nombreuses dérogations apportées à la loi par le décret du 17 mai 1851.

(2) La loi du 22 février-4 mars 1851 (art. 9) fixe à 10 heures par jour la durée du travail pour les apprentis de moins de 14 ans, à 12 heures de 14 à 16 ans et leur interdit avant 16 ans le travail de nuit (de 9 heures du soir à 5 heures du matin).

Tout le second Empire, au lieu de favoriser ce mouvement, lui demeure hostile et prend un certain nombre de mesures qui doivent le paralyser (notamment aggravation des lois prohibitives de la liberté de réunion ou d'association). C'est seulement en 1874, le 19 mai, que l'Assemblée nationale, revenant aux idées de 1848, fait à nouveau triompher le principe de la réglementation par une loi sur le travail des enfants et des filles mineures employés dans l'industrie. En principe, l'âge d'admission au travail est relevé à 12 ans et la journée de travail a pour durée maxima 12 heures pour l'enfant mineur de 16 ans. Dans les cas exceptionnels où des enfants de 10 à 12 ans sont admis au travail, leur journée ne pourra dépasser 6 heures. Le travail de nuit est interdit aux garçons jusqu'à 16 ans et aux filles mineures jusqu'à 21 ans. La loi créait en outre un corps d'agents spéciaux ou inspecteurs du travail pour veiller à l'exécution de ses prescriptions.

Cette réglementation de 1874 laissait en dehors de son champ d'application : les simples ateliers, les enfants du sexe masculin au delà de 16 ans et les femmes majeures. Le 2 novembre 1892, une loi, dont le projet avait été déposé en 1886 par le ministre du Commerce, loi sur le travail des enfants et des femmes, fixa à 10 heures la durée du travail des enfants, à 11 heures la durée maxima de la journée de travail des femmes, à 11 heures avec maximum de 60 heures par semaine celle des mineurs de 16 à 18 ans.

Le décret du 15 juillet 1803, modifié par deux décrets de 1895 et de 1897, vint apporter à cette règle générale un certain nombre d'exceptions qui ont pour la plupart survécu à la loi de 1900 : exceptions en vertu desquelles le travail de nuit des femmes était autorisé, sous certaines conditions, soit à titre permanent dans certaines industries, soit à titre temporaire, dans certaines autres à raison de leur caractère saisonnier ou à raison de la nature des produits à manipuler.

Au point où l'on en était arrivé, la réglementation était

déjà touffue et prenait quelque peu l'aspect de ces maquis où les bonnes volontés se perdent et où les mauvaises volontés se donnent librement carrière : les enfants ne peuvent travailler plus de 10 heures, les adolescents et les femmes plus de 11 heures, les adultes plus de 12 heures. On espérait, dit-on, que les patrons pour simplifier les choses abaisseraient d'eux-mêmes la journée de travail à 10 heures. Au lieu de cela, ils exigèrent en violation de la loi un travail de 11 heures des enfants qu'ils employaient. D'ailleurs une proposition de loi ayant été déposée qui tendait à l'unification générale de la journée à 11 heures même pour les adultes travaillant dans les mêmes locaux que les femmes et les enfants, les inspecteurs furent invités, à l'avance, à tolérer la journée de 11 heures pour les enfants. D'autre part, on se plaignait vivement des abus qu'entraînait l'autorisation des équipes alternantes. Tandis que le travail effectué entre 9 heures du soir et 5 heures du matin était considéré comme travail de nuit prohibé en principe, il était admis que le travail pourrait être autorisé entre 4 heures du matin et 10 heures du soir, à condition d'être réparti entre 2 équipes d'ouvriers ne travaillant pas plus de 9 heures chacune. Ce régime favorisait la fraude et, d'autre part, augmentait considérablement, contre toute prévision, la présence de l'ouvrier à l'atelier. Au lieu de faire travailler successivement chaque équipe, les industriels les faisaient en effet alterner : d'où 13 et 14 heures par jour de présence à l'atelier. Telle était la raison d'être de deux propositions de loi, l'une fixant le maximum de la journée de travail à 11 heures ; l'autre supprimant les équipes alternantes et réduisant la journée légale à 10 heures pour toutes les personnes protégées.

C'est de ces deux propositions (Lecomte et Ricard) appuyées par M. Millerand, qu'est née la loi du 30 mars 1900 aux termes de laquelle la journée de travail doit être abaissée à 10 heures pour les femmes, les enfants et les adultes dans les ateliers mixtes. Vous savez les étapes qui furent déterminées pour faciliter cette réduction : 11 heures le 31 mars 1900, 10 h. 1/2 le 31 mars 1902,

10 heures le 31 mars 1904. Cette loi, Messieurs, a par conséquent depuis trois mois reçu sa pleine application (1).

A l'heure actuelle et pour éclaircir cette énumération de textes législatifs :

La journée de travail est fixée au maximum à 10 heures pour les jeunes ouvriers jusqu'à 18 ans et pour les femmes. Il en est de même pour les hommes adultes travaillant dans des ateliers mixtes. Pour les adultes travaillant seuls dans des établissements à moteur mécanique ou à feu continu, ou dans des fabriques occupant plus de 20 ouvriers réunis en atelier, la loi de 1848 fixe la durée du travail à 12 heures.

Restent en dehors de cette réglementation : 1° les ouvriers travaillant dans de petits ateliers où le travail s'effectue à la main, c'est-à-dire la majorité des ouvriers de la petite industrie ; 2° tous les ouvriers ne travaillant pas en atelier, ouvriers du bâtiment, terrassiers, mineurs, industries de transport ; 3° les travailleurs agricoles ; 4° les employés de commerce ; 5° les professions libérales ; 6° la domesticité.

Il est, bien évidemment, des partisans de la réglementation légale pour réclamer son extension à chacune de ces catégories. Je me borne à signaler le fait et je passe à l'examen de la législation étrangère.

En effet, on ne saurait négliger cette comparaison en une matière où la question de concurrence joue un rôle aussi capital et où l'on a devoir d'apprécier quelle situation est faite à notre industrie vis-à-vis de l'étranger par cette intervention du législateur (2).

---

(1) Cette loi est si bien appliquée que nous n'hésitons pas à extraire d'un Journal publié à la date du 9 septembre 1904 les renseignements suivants :

Contravention à la loi limitant la journée de travail.

Le tribunal de simple police a prononcé hier 21 jugements contre les patrons ayant enfreint les dispositions de la loi Millerand-Colliard, limitant la durée de la journée de travail. Parmi les contrevenants nous avons remarqué un certain nombre de grandes couturières et modistes des rues de la Paix, du Quatre-Septembre, de Rivoli et du Helder, deux imprimeurs, des blanchisseuses, des teinturiers Tous ont été condamnés à cinq francs d'amende par contravention constatée. Les inspecteurs du travail avaient relevé contre certains 15, 20 et même 26 contraventions.

(2) Consulter P. Pic, *op. cit.* — Congrès international pour la protection légale des travailleurs. Paris 1900.

Et tout d'abord *l'Angleterre* qui nous a devancés dans cette voie puisque les premiers essais de réglementation y remontent à 1802 et sont dus à l'initiative de Rob. Peel. Jusqu'en 1850, les prescriptions légales demeurent inefficaces, tant est invétéré le mal que l'on veut corriger. En 1895 plus de 15 lois successives sont intervenues et le 17 août 1901, une dernière loi est promulguée qui constitue un véritable code industriel:

Au-dessous de 12 ans l'enfant est exclu des établissements industriels. Jusqu'à 14 ans il ne peut être employé qu'au demi-temps, c'est-à-dire le matin ou l'après-midi et au maximum 30 heures par semaine. Il ne doit pas travailler plus de 4 heures 1/2 sans repos. Les garçons de 14 à 18 ans et les femmes de tout âge ne peuvent travailler par semaine plus de 55 heures 1/2 dans les industries les plus pénibles et plus de 60 heures dans les autres. Il est interdit de les faire travailler le dimanche et le samedi après-midi. Ce sont donc des journées de 10 heures ou de 11 heures.

Il est à remarquer que la protection légale s'étend aux enfants et aux femmes employés dans les magasins de gros et de détail (74 heures par semaine), dans les ateliers de famille à domicile, pour le compte d'autrui.

Par contre, il n'existe aucune réglementation du travail des adultes. Cependant la durée de la journée y est particulièrement courte. On en peut chercher la cause dans l'organisation puissante des trade-unions (1).

En Suisse, en Russie et en Autriche, la journée de travail est réglementée même pour les hommes adultes. En *Suisse*, une loi fédérale de 1877 applicable à tous les ouvriers employés dans les fabriques limite la journée à 11 heures (et à 10 heures les veilles de jours fériés). Certai-

---

(1) Aux États-Unis, il n'existe pas de législation fédérale réglementant le travail industriel sauf pour les ouvriers employés par le gouvernement et dont la journée de travail est fixée à 8 heures par une loi de 1868. D'assez nombreuses lois particulières ont fixé à 10 heures la journée de la femme adulte, d'autres à 8 heures la journée normale des hommes adultes sans prohiber les conventions contraires.

nes lois cantonales complètent la loi fédérale, soit en l'étendant aux petits ateliers, soit en diminuant la durée légale. Le canton de Zurich l'a abaissée à 10 heures depuis 1896.

En *Russie* une loi de 1882 fixe à 8 heures le maximum de la journée de travail pour les enfants de 12 à 15 ans et une loi de 1897 établit une journée légale de 11 h. 1/2 pour les adultes (10 heures les veilles de jours fériés et pour les équipes de nuit). Une prolongation est possible avec accord exprès du patron et de l'ouvrier et contrôle de l'autorité compétente.

En *Autriche* le Code industriel de 1885 permet d'admettre au travail industriel les enfants de 14 ans pour une journée maxima de 8 heures. De 14 à 16 ans et pour les femmes, le maximum légal est de 11 heures Il en est de même pour les adultes hommes.

En 1889 la *Belgique* a fixé à 12 ans l'âge d'admission des enfants dans les fabriques. Les garçons jusqu'à 16 ans et les filles jusqu'à 21 travaillent 12 heures coupées par des repos. Les ouvriers adultes ne sont pas protégés.

L'*Allemagne* a depuis 1891 son Code industriel amendé en 1897 et 1900. La durée de la journée de travail y est réglementée comme il suit :

1) pour les enfants, l'âge d'admission est de 13 ou 14 ans suivant les exigences de la loi scolaire en vigueur, et la durée maxima de 6 heures. De 14 à 16 ans, 10 heures de travail par jour coupées par 2 heures de repos divisées en 3 fractions (1 heure + 1/2 heure + 1/2 heure).

2) pour les femmes adultes de plus de 16 ans, journée de 11 heures et de 10 heures les samedis et veilles de fêtes, jusqu'à 5 heures 1/2).

3) pour les hommes adultes, le Reichstag a repoussé en 1891 la limitation à 11 heures et en 1902 la proposition de réduire la journée à 8 heures par étapes successives.

Le travail se trouve indirectement réglementé par les corporations patronales, sous l'influence et la pression de l'État, et aussi par des ordonnances qu'édicte le Conseil fédéral dans l'intérêt de l'hygiène et de la salubrité publiques. Il a ainsi créé une journée maxima sanitaire dans la boulangerie, la confection, les auberges, etc.

La loi du 30 mars 1900 a étendu la réglementation aux employés de commerce. Un repos ininterrompu d'au moins 10 heures et de 11 heures dans les communes de plus de 20.000 habitants, doit être accordé à tous les employés. Sur la demande des 2/3 des patrons, l'Administration supérieure peut ordonner la fermeture des magasins de 8 ou 9 heures du soir à 5 ou 7 heures du matin, soit à certaines époques, soit pendant toute l'année.

En Espagne, une loi de 1873 admettait au travail industriel les enfants de 10 ans, avec journée maxima de 5 heures pour les garçons de 10 à 13 ans et pour les filles de 10 à 14 ans. Une loi de 1900 a étendu la protection aux établissements commerciaux; la journée de travail y sera, pour les enfants de 10 à 14 ans de 8 heures au maximum. Elle sera de 6 heures dans les établissements industriels.

J'en arrive, Messieurs, au dernier pays sur lequel je veuille attirer votre attention. C'est l'*Italie*, dont la situation prend un intérêt spécial du fait de la convention du 15 avril 1904 négociée et signée par elle et par la France. Jusqu'en 1902, l'Italie ne réglementait la journée de travail que pour les enfants âgés de moins de 15 ans. Admis à la fabrique à 9 ans, ils ne pouvaient travailler plus de 8 heures par jour; de 12 à 15 ans ils pouvaient travailler de nuit mais seulement pendant 6 heures. D'ailleurs, la loi était lettre morte, faute d'inspecteurs, puisqu'il n'y en avait, dit-on, que trois pour toute l'Italie. Le 19 juin 1902, une loi nouvelle a élevé l'âge d'admission à 13 ans dans les mines et à 15 ans dans les ateliers dangereux ou insalubres. De 10 à 12 ans l'enfant peut travailler 8 heures par jour, de 12 à 15 ans 11 heures et les femmes de n'importe quel âge 12 heures.

Depuis longtemps, surtout depuis la conférence internationale de Berlin en 1890 (1), on s'est vivement préoccupé

---

(1) L'initiative en appartient, comme on sait, au Conseil fédéral Suisse. Cf. Béchaux, *La réglementation du travail*, p. 98 et suivantes.

de la possibilité d'organiser une réglementation internationale du travail et de l'unification des législations en cette matière. Vous savez qu'en 1900, il s'est constitué une association internationale pour la protection légale des travailleurs et qu'un Office international du travail a été fondé à Bâle.

Si intéressants que soient ces efforts, ils semblent condamnés à l'heure actuelle à de médiocres succès. On a beaucoup parlé à ce titre de cette convention entre la France et l'Italie du 15 avril 1904, qui organise d'une part un système de réciprocité au sujet de la prévoyance sociale, au sujet d'échange de livrets d'épargne, dans le détail duquel je n'entre pas, et qui d'autre part s'efforce de mettre sur le même pied la réglementation du travail dans les deux pays.

On a certes raison de songer à conjurer par une entente internationale les dangers que peut faire courir la réglementation à notre industrie nationale. Mais, en l'espèce, on ne voit guère quel pourrait être l'effet pratique de cette convention. L'Italie est encore trop loin de nous en matière de réglementation, et il semble bien difficile que ses industriels s'adaptent avec assez d'aisance aux nécessités nouvelles de la production intense et rapide qui permet cette réduction de la journée de travail, pour qu'il y ait autre chose dans cette convention qu'une promesse et qu'un accord purement spécieux.

∴

Tels sont les faits, Messieurs, et je voudrais, puisque votre bienveillante attention m'y invite, consacrer quelques instants à nous dégager un peu des faits eux-mêmes et à chercher quel jugement il convient de porter sur eux.

Il est, Messieurs, toute une catégorie d'économistes et non des moindres — à laquelle appartiennent la plupart de mes excellents et chers maîtres de la Faculté de Droit de Paris, — qui se disent interventionnistes, entendant par là qu'ils ont substitué à la vieille doctrine classique du laisser-faire une doctrine nouvelle dans laquelle l'État, vengé des longs outrages qu'il a subis pendant un siècle, recouvre une éminente dignité et un rôle actif dans les relations économiques.

L'État a pour tâche de protéger les faibles au point de vue social, contre les forts et même contre leur propre faiblesse. Il est donc dans la logique même de son rôle en réglementant la journée de travail et en empêchant l'ouvrier d'accepter un travail trop prolongé, destructeur des forces physiques et morales des individus, c'est-à-dire de la nation.

Pour les interventionnistes, une telle réglementation ne saurait porter aucune atteinte sérieuse à notre industrie. Il y aurait là une question d'adaptation ; l'ouvrier produisant avec plus d'activité dans un temps moindre, la journée de 10 heures pourrait être aussi productive que la journée de 12, 13 ou 14 heures, parce que le temps y serait mieux employé. Ainsi la journée de travail serait effectivement réduite, l'ouvrier travaillerait moins sans que son salaire diminue, sans que l'industrie nationale souffre ni d'une diminution de la production ni d'une augmentation du prix de revient et il n'y aurait qu'à se louer de cette série de réformes.

Je ne dirai pas, Messieurs, qu'il y ait là quelque optimisme. Vous savez du reste que, nous autres libéraux, nous avons le monopole de cette épithète et que nous ne saurions suspecter autrui d'une aussi fâcheuse tendance d'esprit sans nous voir accuser de donner très impertinemment nos qualités aux autres.

D'ailleurs mon savant maître, M. Jay, qui défend si bien de telles théories (1), a, de longue date, exposé des faits fort judicieusement choisis et fort convaincants. Il a montré que les lois de 1847 et de 1850 limitant à 10 h. 1/2 le travail industriel des enfants et des femmes en Angleterre

____

(1) Voir en particulier : *La protection légale des travailleurs.* Paris, (Larose). 1904, p. 133 et suivantes.

avaient soulevé les mêmes protestations que notre loi de
1900 et les mêmes sinistres pronostics quant à l'avenir de
la production. Or, les années qui suivirent furent excep-
tionnellement prospères, les exportations de cotonnades
passant de 1.000.000 de yards en 1850, à 2 millions en
1860, 3 millions en 1870 et 3 millions 1/2 en 1872. Les
salaires augmentaient parfois de 40 0/0, en général de
12 0/0.

De même en Suisse pour la loi du 23 mars 1877 limitant à 11 heures la durée de la journée de travail. Malgré
les protestations indignées des industriels, l'exportation
des fils de coton dépassait de 1878 à 1886 d'environ 45 0/0
la moyenne de 1870 à 1877.

De même encore en 1881 une enquête faite par l'Office
du travail de l'État de Massachusetts permettait de cons-
tater qu'en 10 heures, l'État produisait par homme, par
métier ou par broche autant que les autres États en 11 heures ou plus et que les salaires y étaient aussi élevés.

Enfin l'expérience tentée en 1869 à Mulhouse par M. Dol-
fus et la réduction de la journée de travail de 12 heures à
11 heures avait pour résultat au bout d'un mois un accroissement de production de 4 à 5 0/0 (1).

Il y a, Messieurs, dans de tels faits, une part incontes-
table de vérité et de force probante. Sans doute, les mus-
cles et le cerveau de l'homme ont besoin de détente, et à
passer la mesure à épuiser la machine humaine le rende-
ment obtenu est nécessairement défectueux et moins que
proportionnel au temps de travail.

Cependant, il est de toute évidence qu'il ne faut pas
abuser de l'argument sans risquer de tomber dans l'ab-
surde. J'en appelle aux prophéties de certains collectivistes
qui rêvent, d'une journée de travail de 4 heures, certains
même de 2 heures. Il n'y a plus de raison pour s'en tenir là.
Il n'est pas moins évident que dans la première ardeur de la
réforme, les ouvriers à qui on donne un même salaire pour

---

(1) Cf. sur les expériences analogues de MM. Waddington et Desgenetais à
Rouen, Martin à Voiron, etc. Pic, *op. cit*, p. 514 not.

un moindre temps de travail, y apportent tout leur soin et toute leur application. Il y a là un phénomène psychologique qui a permis à certaines sectes communistes de prospérer pendant quelque temps, malgré tout ce qu'a de fatalement déprimant pour l'activité ce régime qu'elles avaient établi, quitte à dépérir bientôt, une fois tombés a chaleur et l'enthousiasme du début.

Ce qui m'amène à de telles réflexions, c'est la constatation de certains faits non moins établis qui, survenus à la suite de notre loi de 1900, donneraient à penser qu'elle a été moins facilement admise qu'on ne veut bien le reconnaître. Dès 1902, le salaire dans ces industries a subi une réduction proportionnée à la diminution du travail et un député de l'Est, M. A. Ferry, jugea bon d'écrire au ministre du Commerce pour lui demander une atténuation de la loi. Il se fondait en particulier sur ce fait que les industriels qui employaient de jeunes apprentis, les avaient renvoyés pour éviter l'application de la loi nouvelle, et que l'apprentissage, si compromis déjà, allait devenir plus difficile encore.

En cette même année, l'Union des syndicats patronaux des industries textiles protestait également contre la loi, montrant que la concurrence avec l'étranger devenait de plus en plus dure et que déjà certaines industries avaient émigré en Belgique. En conséquence, ils demandaient qu'une entente internationale eût lieu en ces matières.

C'est en réponse à ces plaintes que deux propositions de loi ont été déposées, l'une sur le bureau de la Chambre en 1902 et l'autre du Sénat en 1903.

La première, de M. Albert Congy, tend à l'abrogation du fameux article 2 de la loi de 1900 qui englobe les ouvriers adultes dans la réglementation lorsqu'ils travaillent dans des ateliers mixtes.

La seconde, déposée par M. Richard Waddington le 29 décembre 1903, a pour objet de donner à l'industriel une triple faculté : 1) faculté de limiter le travail par durée hebdomadaire aussi bien que par durée journalière ; 2) faculté de faire opérer le nettoyage des machines en

dehors des heures normales du travail; 3) faculté de rat-
traper les heures perdues par suite d'accidents ou de cas
de force majeure sans être tenu de demander une faveur
aux inspecteurs du travail.

Cette proposition adoptée par le Sénat le 25 mars 1904
a donné lieu à de très intéressantes discussions dans les
milieux compétents, surtout en ce qui concerne la réglementation hebdomadaire et non plus quotidienne de la
journée de travail. A l'Association nationale française
pour la protection légale des travailleurs, deux rapports
présentés par MM. Strohl et Pagnot, l'un favorable, l'autre défavorable à cette modification du texte (1), permettent
de remettre au point les appréciations trop optimistes de
certains interventionnistes et de pénétrer dans le détail
des difficultés de fait auxquelles a donné lieu l'application
de la loi de 1900.

M. Strohl expose très justement qu'il convient de distin-
guer diverses catégories d'industries, par exemple l'industrie métallurgique et l'industrie textile. Dans la première,
la production n'est pas en rapport direct avec le nombre
d'heures de marche du moteur, mais avec la somme de
travail de l'ouvrier. La machine est l'auxiliaire de l'ouvrier.
Par conséquent, avec une application plus grande, une
meilleure volonté, l'ouvrier peut malgré la réduction du
temps de travail produire autant ou plus.

Au contraire dans l'industrie textile, la production est
limitée par la vitesse de la machine multipliée par le nombre de minutes que le moteur la fait fonctionner. Dans
ces conditions, il est beaucoup plus difficile de compenser
les deux heures supprimées par la loi de 1900.

Dira-t-on qu'il suffit de perfectionner le matériel ? Mais
déjà, en 1892, il a fallu, au prix de sacrifices énormes, réaliser ces perfectionnements. L'expérience ne peut pas
indéfiniment se renouveler. On a beau jeu à invoquer
l'exemple de l'Angleterre en 1847, mais en 1847 l'Angle-

---

(1) Publications de l'Association, N° II. Séances du 27 février et 27 mars
1903. *La réglementation hebdomadaire de la durée du travail.*

terre a transformé complètement son outillage. Il est ainsi porté aujourd'hui à un point de perfection qui ne permet pas de compter à court délai sur des modifications utiles.

De son côté, M. Pagnot explique comment la grève de Roanne en 1902, à laquelle ont pris part 8.000 ouvriers, a été provoquée par la suppression du repos de l'après-midi du samedi, en usage depuis 20 ans dans la région et en général dans les industries textiles du Centre et du Sud de la France. Cette suppression était la conséquence naturelle de la réduction des autres jours de travail. Une transaction fut admise qui consistait à faire travailler l'après-midi du samedi pendant 12 semaines.

Ainsi, Messieurs, tant du côté des patrons que du côté des ouvriers on découvre certains frottements dans l'application de la loi et ces frottements sont assez graves pour pour qu'on songe — déjà ! — à la modifier. Dois-je parler de « modification » ? Non, en vérité, car suivant la très juste remarque des adversaires de la réforme en question, la proposition Waddington détruit entièrement la loi de 10 heures (1). Si l'on totalise les heures supplémentaires mises à la disposition du patron, on arrive à un total de 400 ou 430 heures, élevant la moyenne de la journée au delà même de 11 heures.

Ainsi, Messieurs, nous sommes en présence de faits contradictoires. Notre religion est mal éclairée et c'est vous dire tout le prix qu'il convient d'attacher à l'enquête que votre bureau a eu la très heureuse inspiration d'entreprendre. Je me félicite de savoir que les réponses sont venues nombreuses au questionnaire très intelligent et très complet que vous avez adressé.

Devrais-je m'en tenir, pour l'instant, à ce procès-verbal de carence et à cet aveu d'impuissance ? Si tel est votre secret désir, pardonnez-moi de profiter de ce que votre courtoisie le tient secret, pour vous dire encore en quelques mots comment on peut, à mon sens, suppléer à ces lacunes

---

(1) Cf. Jay. *La journée de 10 heures et la proposition votée par le Sénat. Rev. popul. d'Econ. Sociale,* mai 1904.

de notre information et apprécier la réglementation légale
de la journée de travail.

Demandons-nous à ce titre le but auquel tend en général
la réglementation de la journée de travail et le moyen
que l'on emploie pour atteindre ce but. Ce moyen c'est la
loi, et je ne vous dissimulerai pas que cela m'inquiète.

Je n'insisterai pas sur les préoccupations électorales
qui peuvent parfois, dit-on, inspirer le législateur con-
jointement aux conseils de la pure sagesse et du désinté-
ressement, parfois même, si l'on en croit quelques pessi-
mistes, l'emporter sur eux. Je prends la loi à l'état pur et
telle que les dictionnaires nous la définissent, comme
« prescription émanée de l'autorité souveraine et étendant
son empire sur tous les citoyens. » L'autorité souveraine
n'est-ce pas alors quelque chose de supérieur, de très loin-
tain, d'immuable ou de difficilement muable, et n'y a-t-il
pas une injurieuse disproportion entre ce quelque chose
et les besoins variables et changeants d'un petit fabricant,
d'un petit producteur qui aujourd'hui est obligé de faire
ceci et demain de faire cela ?

Précisons un peu ce grief. Je reproche à la loi réglementant la journée de travail, de manquer de souplesse
et d'entraîner une terrible complication de notre régime
industriel.

Je dis qu'elle manque de souplesse — qu'elle produit
des effets divers et inégalement utiles sur le petit et sur
le grand patron, sur telle ou telle industrie, sur tel ou tel
métier. Ce qu'une corporation, ce qu'un syndicat peuvent
faire avec fruit, en tenant compte des nécessités de la production spéciale à laquelle ils s'adonnent, une loi, de toute
évidence, ne le peut pas. S'il m'était permis d'évoquer ici
des souvenirs militaires, je dirais volontiers qu'on se heurte
en pareil cas aux difficultés que l'on éprouve à faire mar-
cher tout un régiment au pas de 75 centimètres. Pour les
petits le pas est trop grand, pour les grands le pas est trop
petit. Les uns et les autres se fatiguent également et il
est bien heureux que dans les longues étapes on permette
à chacun de reprendre son pas normal.

Je dis, en second lieu, que la loi entraîne de terribles complications dans notre régime industriel et cela, à la fois, quant au nombre des lois dites protectrices du travailleur et quant à leur application même.

Quant au nombre des lois, le législateur se trouve pris, pour ainsi dire, dans un engrenage. Limiter la journée de travail, c'est risquer de diminuer le salaire. Que nous importe avec le principe interventionniste ? Une nouvelle loi établira un minimum de salaire. Mais pour que le patron puisse assurer un minimum de salaire à ses ouvriers, ne faudra-t-il pas lui assurer un minimum de profit ? Rien n'est plus simple. Les lois douanières sont là. Le protectionnisme va croître et embellir, ce protectionnisme dont M. Yves Guyot vous montrait il y a un mois, avec tant de compétence et de sagacité, les effets sur le coût de la vie, c'est-à-dire sur le bien-être de chacun.

Et ce n'est là, Messieurs, qu'un début. Les interventionnistes répètent à satiété que rien n'est fait, que tout est à faire. Il va falloir réglementer et protéger le repos des femmes en couches, le repos hebdomadaire, le travail de nuit, le travail des enfants, les ateliers de famille, le travail des adultes auxquels ne s'applique pas la loi de 1848, le travail des employés de commerce, le travail des domestiques, le travail dans les professions libérales, etc., etc.

Mais ce n'est là qu'un aspect de la question : la loi n'est rien si elle n'est pas appliquée. Pour la faire appliquer, il faut des surveillants. La loi va créer des inspecteurs du travail. On ne se fait pas faute d'en réclamer — et à juste titre — la multiplication quasiment indéfinie. Et l'on songe à cette amusante charge du Prince Caniche de Laboulaye, à cette loi que propose un des conseillers du royaume des Gobemouches : « Article 1ᵉʳ. Il est créé un inspecteur et une inspectrice pour chacun des cantons de l'État, soit 66,666 inspecteurs et inspectrices de second degré pour les 33,333 cantons de notre obédience. » « Article 2. Il est créé 3,000 inspecteurs et inspectrices de premier degré pour inspecter les 66,666 inspecteurs et inspectrices de second degré. » « Article 3. Il est créé

300 inspecteurs généraux pour inspecter les 3,000 inspecteurs de premier degré »...

Ces inspecteurs, il faut les armer, et certes nous sommes suffisamment avertis qu'ils sont désarmés et impuissants.

On va donc les armer et d'une arme bien dangereuse, empruntée à l'arsenal inépuisable des règlements. Je n'en veux prendre pour type que le projet déposé le 15 juin dernier par M. le ministre du Commerce et relatif au contrôle de la durée du travail dans les ateliers industriels.

Les patrons devront afficher dans leurs ateliers les différents horaires de travail. Dans les cas où cette durée peut varier avec l'époque de l'année et les besoins de l'industrie, le patron devra en tenir l'exacte comptabilité, l'afficher et en envoyer un double à l'inspecteur. Pour chaque ouvrier et ouvrière travaillant en dehors de l'horaire général, il conviendra de dresser un horaire nominatif. Il n'y a là, a-t-on soin d'ajouter, aucune charge nouvelle pour le patron, la réglementation du travail reste la même. Sans doute, Messieurs, elle reste la même, mais le patron se trouve un peu plus étroitement enserré et ligotté qu'auparavant.

Qu'arrivera-t-il au cas d'une commande imprévue et pressée, d'une réparation urgente?

C'est à vous, Messieurs, que je le demande ainsi que ce qu'il faut penser de ces règlements de plus en plus minutieux, destructeurs de toute liberté et de toute initiative.

Allons-nous, du moins, pouvoir souscrire à cet emploi de la loi, en considération du but que l'on se propose d'atteindre? Ici encore, Messieurs, il est permis de demeurer hésitant et inquiet. On a donné un nom général à ces mesures protectrices des travailleurs. On les appelle du *paternalisme*. On les assimile aux mesures autoritaires prises par le père de famille à l'endroit d'un enfant indiscipliné, qui ne calcule pas la portée de ses actes et qui demeure réfractaire au raisonnement.

Très légitime dans la famille, un tel procédé s'expose à

bien des critiques lorsqu'on l'emploie vis-à-vis d'individus conscients, doués d'intelligence et de volonté.

Ceux qu'un tel procédé protège, prennent trop volontiers l'habitude de considérer l'État comme le fondé de pouvoirs de la Providence, redresseur des torts, toujours prêt à secourir les faibles, surtout quand les faibles étant nombreux et étant électeurs constituent en fin de compte une majorité, arbitre donné par la nature, tout puissant pour trancher les conflits les plus spéciaux et qui devraient être réglés à l'amiable au plus grand profit des adversaires. C'est, en vérité, une école d'affaiblissement moral que l'usage répété de semblables interventions. On parle beaucoup de l'éducation anglaise et on se propose, un peu inconsidérément peut-être, de l'acclimater en France. Il ne faudrait pas oublier que le self-help en est la base, que c'est lui qui fait des hommes, de ces hommes dont la valeur individuelle, suivant la forte parole de Stuart Mill, est le plus sûr indice de la valeur d'une nation. Que l'on place sur un terrain d'égalité la force patronale et la force ouvrière, rien de mieux. Mais, une fois cette égalisation accomplie, qu'on laisse chacune d'elles faire triompher par sa propre initiative les réformes dont elle a besoin.

Ceux contre qui de telles mesures sont édictées, vont, de leur côté, tirer un mauvais parti de cette réglementation. Les patrons se soumettront malaisément à cette règle nouvelle qui leur est imposée, sans leur assentiment et sans leur consentement. Si autoritaire que soit la loi, elle se heurte invinciblement en pareil cas à plus fort qu'elle — je veux dire à l'intérêt personnel, mobile toujours agissant de l'activité économique — l'intérêt personnel qui arrive à tourner les prescriptions les plus minutieuses, qui, tel le héros de La Fontaine, a ses ruses, ses malices, ses tours et cent stratagèmes... Et je ne veux pour preuve de sa puissance, en la matière qui nous occupe, que les plaintes incessantes des inspecteurs du travail et des partisans de l'intervention, sur la non-application des lois et des règlements, soit par suite d'ententes entre patrons et ouvriers, soit par suite de recours au travail en chambre et au sweating-system, soit par suite d'interprétations de textes qui permettent de les violer en en respectant la lettre. Je me borne à citer pour mémoire les difficultés soulevées à propos de l'expression « dans les mêmes locaux » (article 2 loi du 30 mars 1900) employée à propos des ouvriers adultes travaillant dans des ateliers mixtes (1).

Ainsi, Messieurs, à tous ces règlements il manque ce qui, de l'aveu même des interventionnistes, les rendrait vraiment efficaces : le consentement réfléchi de ceux qui les doivent appliquer. Il est essentiel et indispensable que l'éducation se fasse peu à peu de la mentalité nationale, de telle sorte que ce qu'il y a d'incontestablement équitable dans cet ensemble de réformes, passe comme on dit dans les mœurs. Or c'est ici que je vois un terrain d'accord pour les partisans et les adversaires de la réglementation. C'est dans cette nécessité de l'éducation nationale qui s'impose aux premiers, c'est dans sa conformité aux aspirations des seconds qui, avec les libéraux de tous les temps, estiment que l'éducation nous rend plus dignes de la liberté et nous met à même d'en tirer tout le fruit.

On a eu le tort de présenter les libéraux comme systématiquement et irréductiblement hostiles à ces mesures. Ce n'est pas ainsi que j'entends le libéralisme. Loin de moi la pensée de vouloir formuler la teneur exacte de la doctrine quand j'ai l'honneur de parler devant un de ses plus illustres représentants, mais, enfin, vous serez indulgents jusqu'au bout et vous me permettrez de vous donner ma conception personnelle de ce système économique qui m'est cher et qui vaut mieux, je le crois fermement, que ses adversaires ne l'imaginent. Je fais bon marché, pour ma part, de la conception d'un droit naturel à la liberté du travail, de ce qu'on a appelé d'un néologisme hardi, le *droit laborique*, et qui serait lésé par la réglementation légale. Le droit naturel c'est un peu de la métaphysique et dans la vie sociale contemporaine, dans cette

____

(1) Cf. Bourguin. *La nouvelle réglementation de la journée de travail.* Rev. d'écon. polit., 1901 p. 242 et suivantes.

mêlée confuse des intérêts les plus pressants et les plus divers, quand on est en face de souffrances concrètes et qu'on veut travailler pratiquement à leur porter remède, je crois que la métaphysique n'a que difficilement sa place.

C'est donc sur des considérations d'utilité sociale et d'intérêt commun que j'entends me placer pour mettre en valeur cette liberté dont on a dit tant de mal et surtout que l'on entend si mal.

On a dit que la liberté économique ne pouvait s'entendre que comme le laisser-faire absolu et que le vrai libéralisme c'était l'anarchie. Je ne crains pas de dire qu'il y a là une monstrueuse erreur au point de vue doctrinal et au point de vue historique. Avec les fondateurs du libéralisme, avec D. Hume, avec les Physiocrates, avec A. Smith, comme avec ses représentants ultérieurs, Courcelle-Seneuil, par exemple, je vous dirai que l'intervention législative peut parfaitement se concevoir dans un régime de liberté lorsqu'elle n'a d'autre effet et d'autre but que de réaliser la liberté. Ainsi en est-il des lois qui organisent les associations professionnelles, c'est-à-dire qui permettent aux ouvriers de discuter librement avec les patrons. J'irai plus loin, et je ne craindrai pas d'approuver la réglementation du travail malgré ses défauts, ses mauvais effets et telle qu'on nous l'a faite, à condition de n'y voir qu'une forme transitoire du régime du travail. Le caractère français, à la différence de tel autre caractère national comme le caractère anglais, est ainsi fait, c'est un peu de notre force et pour beaucoup dans nos faiblesses, que nous allons volontiers aux extrêmes ; il est ainsi fait que nous ne savons pas de nous-mêmes nous servir de la liberté et que pour nous, dans les petits faits comme dans les grands, l'usage se confond avec l'abus.

A ce titre, la réglementation légale du travail fait notre éducation. Elle réalise peu à peu un certain état d'esprit, chez les patrons comme chez les ouvriers, plus favorable à un sage emploi de la liberté, apprenant aux premiers que ce n'est pas par l'exploitation abominable et lâche de la faiblesse des enfants et des femmes que l'on obtient un travail productif, apprenant aux autres qu'ils ont des droits en tant que personnes humaines et que ces droits ils doivent les défendre énergiquement contre leurs propres besoins et contre l'appât d'un travail rémunérateur mais excessif et dégradant. Ainsi, Messieurs, la réglementation légale du travail a une valeur éducative, mais tandis que pour les interventionnistes la tâche est terminée, n'y ayant plus rien à souhaiter au delà de cette protection paternaliste et quelque peu avilissante vis-à-vis d'hommes libres, pour les libéraux, au contraire, il n'y a là qu'une situation provisoire qui doit préparer la liberté. L'enfant ne doit pas rester un enfant, il doit devenir un homme que son père livre aux hasards de la vie, sûr de lui, sûr de son éducation, de sa volonté et de son intelligence.

Car nous avons une volonté et nous avons une intelligence. Et de même que la vie organique subsiste et s'entretient par des actions réflexes et instinctives, mais s'améliore par l'usage de notre intelligence et de notre volonté, de même la vie économique subsiste et s'entretient par le phénomène naturel d'harmonie des intérêts, qui heureusement n'a pas attendu un texte de loi pour exister, et sans lequel aucune société ne se serait jamais formée, mais cette vie économique s'améliore par l'usage de notre intelligence et de notre volonté. Permettez-moi d'insister, Messieurs, en quelques mots, ce seront les derniers, sur ce perfectionnement de nos facultés d'êtres libres, où se trouve enfermée toute la question spéciale qui nous occupe ce soir, et sur la valeur éducative de la réglementation légale de la journée de travail.

Quand on parle, avec A. Smith ou avec Bastiat, de l'harmonie des intérêts, on entend dire que chacun de nous, producteur ou consommateur, sert *inconsciemment* l'intérêt commun en produisant et en consommant au mieux de son intérêt particulier.

Le patron remplit *inconsciemment* une fonction purement économique. Soucieux de faire de bonnes affaires, il alimente la consommation nationale des produits dont elle a précisément besoin et dans la quantité précise qui lui convient. Soucieux de faire de bonnes affaires, il emploie un certain nombre d'ouvriers et leur fournit un certain salaire, en conformité avec le chiffre de la population, le coût de l'existence, etc. Des lois naturelles déterminent ses actes à son insu et lui font ainsi remplir *inconsciemment* une fonction purement économique. Mais aujourd'hui des aspirations nouvelles se sont fait jour. Les souffrances de certaines classes ont donné naissance à ce qu'on appelle la *question sociale* et à cet art des remèdes sociaux qu'on appelle *l'économie sociale*. Ici la science pure fait place à l'application scientifique. Il ne s'agit plus de déterminer les lois de la valeur ou les lois du salaire ; il s'agit de travailler pratiquement à réaliser le bonheur des individus ou plutôt à les empêcher de souffrir. De cet état de choses, il résulte que chacun de nous a non seulement une fonction *économique*, mais aussi une fonction *sociale* à remplir.

Est-ce à dire qu'on doive aller chercher la formule de cette fonction sociale dans les prescriptions de la charité, de l'altruisme ou, comme on dit aujourd'hui, de la solidarité ? Je ne le crois pas, Messieurs. Tout au plus pourrait-on faire fond sur un peu de bonne volonté réciproque des patrons et des ouvriers, avec laquelle tant de questions insolubles recevraient une solution. Mais la charité patronale, si dévouée, si désintéressée, si admirable qu'elle soit dans certains cas, se heurte aujourd'hui à une invincible hostilité de la classe ouvrière. On peut le déplorer, mais j'estime qu'il faut accepter ce fait comme un fait et ne pas se borner à gémir sur son existence. Ce que je demanderais seulement aux patrons, c'est de céder à leur intérêt, à leur intérêt personnel, au souci de leurs affaires, à condition de discerner avec intelligence quel est leur intérêt.

Pourquoi cette faculté de connaître notre intérêt serait-elle la seule à ne pouvoir se perfectionner ni s'affiner au cours des temps ? Pourquoi la connaissance positive des faits serait-elle condamnée à n'exercer sur elle aucune

influence? Soustraits aux tentations que pouvait provoquer
la rupture d'équilibre dans les relations entre patrons et
ouvriers, réalisée par la Constituante, progressivement
libérés d'autre part des nécessités de la concurrence internationale par la généralisation de la limitation du travail,
les patrons voient s'ouvrir devant eux un champ immense
où la bonne volonté peut agir efficacement et où leur
intérêt prend une valeur sociale. C'est à une telle action,
Messieurs, que je me permets de vous convier, puisque
j'ai l'honneur de m'adresser à des capitaines d'industrie.
Comprenez votre intérêt, au lieu de lui obéir aveuglément.
Au lieu de remplir *inconsciemment* une fonction *purement
économique* remplissez *consciemment* une fonction *sociale*.
Comprenez et faites comprendre autour de vous que ce
n'est pas l'exploitation de l'ouvrier qui assure les plus
gros bénéfices, que ce n'est pas en faisant travailler
18 heures par jour des enfants de 5 ans que l'on gagne une
fortune, qu'au contraire les pays les plus prospères au
point de vue industriel sont ceux où les salaires sont
hauts, la journée de travail moins longue, l'hygiène des
ateliers meilleure. C'est ainsi, Messieurs, que nous
nous rendrons dignes du seul régime que l'on puisse
nous proposer comme idéal, je veux dire de la liberté.
C'est en comprenant non pas la solidarité sociale ou éthi-
co-biologique dont on fait si grand abus dans les exerci-
ces oratoires et dans l'application législative, mais cette
solidarité pratique et tangible qui unit nos intérêts et que
des libéraux, comme Boisguillebert et D. Hume ont pro-
clamée avant les Solidaristes.

Telle est, Messieurs, l'éducation qui peut contribuer à
nous donner la réglementation légale de la journée de
travail et à ce titre elle peut être un acheminement à la
liberté. Nous la pourrions donc apprécier, en dernière ana-
lyse, pour sa vertu statique en ce qu'elle a corrigé des
abus odieux et pour sa vertu dynamique puisqu'elle pré-
pare peut-être sa propre disparition en se rendant elle-
même inutile. Je vous disais au début de cet entretien,
que je m'excuse d'avoir tant prolongé, je vous disais que

la réglementation du travail pouvait être comparée aux flots grossissants de la marée montante qui, dépassant ses limites accoutumées, a inondé les champs voisins.

Certes, aujourd'hui, il semble que le flot veuille étouffer sous sa masse tout élément de vie et d'activité. Laissez passer le flot et attendez le reflux : toutes ces forces actives que l'on croyait mortes vont renaître, une végétation plus riche va germer. Le flot livrera une terre plus féconde aux efforts plus fructueux des hommes de bonne volonté.

Mayenne, Imprimerie Ch. COLIN.

En vente à la Librairie GUILLAUMIN et Cie

14, Rue Richelieu, 14

Le Congrès International du Commerce et de l'Industrie. — *Compte rendu des séances du Congrès International du Commerce et de l'Industrie, tenu à Paris du 23 au 29 juillet 1900*
Discussions, travaux et résolutions du Congrès. — Volume de 624 pages. — Prix : 12 francs.

Le Bulletin du Congrès International du Commerce et de l'Industrie. — N° du 31 décembre 1901.

Revue Internationale du Commerce, de l'Industrie et de la Banque. — *(Bulletin du Congrès International du Commerce et de l'Industrie, transformé).* — 4ᵉ Année. — N° du 31 mars 1902.

Revue Internationale du Commerce, de l'Industrie et de la Banque. — 4ᵉ Année. — N° du 31 juillet 1902. — Volume de 400 pages.

Le Congrès International du Commerce et de l'Industrie. — *Compte rendu complet du Congrès International tenu à Ostende du 26 au 30 août 1902.* — Volume de 1488 pages. — Prix : 10 francs.

Revue Internationale du Commerce, de l'Industrie et de la Banque. — 5ᵉ Année. — N°ˢ des 31 mars, 30 juin, 30 septembre, 31 décembre 1903.

Revue Internationale du Commerce, de l'Industrie et de la Banque. — 6ᵉ Année. — N°ˢ des 31 mars, 30 juin, 30 septembre 1904.

Mayenne, imprimerie Ch. Colin

www.ingramcontent.com/pod-product-compliance
Ingram Content Group UK Ltd.
Pitfield, Milton Keynes, MK11 3LW, UK
UKHW021653090726
13657UKWH00004B/1932